DE

L'ACQUISITION DES FRUITS

PAR L'USUFRUITIER

Par M. GÉRARDIN

Professeur à la Faculté de droit de Paris

PARIS

L. LAROSE ET FORCEL

Libraires-Éditeurs

22, RUE SOUFFLOT, 22

1885

DE

L'ACQUISITION DES FRUITS

PAR L'USUFRUITIER

Par M. GÉRARDIN

Professeur à la Faculté de droit de Paris

———

PARIS

L. LAROSE ET FORCEL

Libraires-Éditeurs

22, RUE SOUFFLOT, 22

1885

L'ACQUISITION DES FRUITS

PAR L'USUFRUITIER.

Les articles 585 et 586 du Code civil déterminent, en des termes qui ne soulèvent aucune difficulté sérieuse, les droits de l'usufruitier sur les fruits de la valeur grevée d'usufruit. Le problème est, en droit romain, beaucoup moins simple : la jurisprudence ne paraît pas, sur cette matière, être arrivée à une solution, qui donne une suffisante satisfaction aux intérêts légitimes de l'usufruitier. Je vais le démontrer, et constater le progrès qui s'est accompli, la supériorité de la législation française sur celle des Romains.

En nous arrêtant d'abord aux fruits proprement dits, produits organiques de la terre ou des animaux, à ces revenus que nos anciens auteurs et le Code civil ont appelés *fruits naturels ou industriels,* nous ne ferons que rappeler une règle, bien connue, quand nous dirons qu'à Rome l'usufruitier n'acquiert les fruits du bien frappé de son droit, ne les fait siens et ne les gagne que par la perception, émanée de lui ou d'un des siens. Plusieurs fragments au Digeste le constatent, en opposant sur ce point la situation de l'usufruitier à celle du possesseur de bonne foi qui acquiert la propriété des fruits de

la chose par lui possédée, dès qu'ils sont détachés, séparés
de la chose frugifère, fût-ce par un accident ou le fait d'un
tiers. Justinien pose la même règle dans ses Institutes, au
§ 36 *De rerum divisione*, II, 1, et Pothier, *Traité du douaire*,
n° 199, nous l'indique. « Suivant la subtilité du droit romain,
le droit d'usufruit étant le droit qu'a une personne de percevoir les fruits d'une chose, les fruits d'un héritage sujet à un
droit d'usufruit, n'étaient acquis à l'usufruitier que par la perception qui en était faite par lui, ou par quelqu'un de sa
part. C'est pourquoi si des voleurs avaient coupé des blés sur
un héritage, l'usufruitier de cet héritage avait bien l'action
furti, quæ datur ei cujus interest rem non fuisse surreptam.
Mais l'action en restitution des choses volées, qu'on appelle
condictio furtiva, qui n'est donnée qu'au propriétaire des
choses volées, appartenait au propriétaire de l'héritage, et
non à l'usufruitier, qui n'avait pu acquérir les fruits par la
perception qu'en avait faite le voleur, ce voleur ne les ayant
pas perçus au nom et de la part de l'usufruitier. Par la même
raison, le jurisconsulte Paul décidait que les olives, qui se
détachaient d'elles-mêmes et tombaient de l'olivier, n'étaient
pas acquises à l'usufruitier. Notre jurisprudence n'admet pas
ces subtilités, et nous tenons pour règle générale, que tous
les fruits d'un héritage sujet à un droit d'usufruit, qui sont
perçus et séparés de la terre où ils sont pendants, pendant le
temps de la jouissance de l'usufruitier, lui appartiennent, de
quelque manière qu'ils aient été perçus. »

L'usufruitier romain n'a donc pas droit aux fruits de la
chose comme le propriétaire lui-même : son *jus fruendi* n'est
pas aussi étendu, aussi complet que celui du propriétaire. Le
propriétaire d'une chose, qu'il la possède ou non, et sauf le
bénéfice accordé au possesseur de bonne foi, est ou devient
propriétaire des fruits de cette chose, en vertu du caractère
absolu et exclusif de son droit; peu importe que ces fruits
soient détachés par lui, ou à son insu par un coup de vent, le
fait d'un voleur ou d'un possesseur de mauvaise foi : il en devient propriétaire, même avant d'en avoir pris possession, et
il peut en transférer *hic et nunc* la propriété par l'*in jure cessio* : il peut les léguer *per vindicationem*. L'usufruitier n'est
pas, quant aux fruits, substitué à lui, mis en son lieu et

place : son droit, c'est le droit à la perception. Ulpien nous dit : *Ususfructus ex fruendo consistit, id est facto aliquo ejus qui fruitur (f. 1 pr. Quando dies, VII, 3).*

La raison de cette exigence, sévère pour l'usufruitier, doit-elle se chercher dans le fait que l'usufruitier, à la différence du possesseur de bonne foi, n'a pas la possession du bien grevé de son droit, n'en est que détenteur, et qu'il a besoin de prendre des fruits une possession que ne peut lui communiquer la possession de la chose? Mais le propriétaire, lui aussi, peut ne pas posséder sa chose : ce peut être un légataire, dont le droit est acquis par le fait de l'acceptation de la succession, et qui n'a 'jamais possédé la chose léguée. Et cependant les fruits qui sont détachés de cette chose lui appartiennent. Ne trouverait-on pas plutôt 'la raison de la règle romaine dans une pensée de défaveur vis-à-vis de ce démembrement de la propriété, autour duquel la vieille loi romaine multiplie les causes d'extinction, et qui, sans présenter un caractère alimentaire, est destiné au fond à donner satisfaction aux besoins personnels de son titulaire? Quand celui-ci ne perçoit pas, cette loi lui applique cette maxime, dont il y a, dans le droit romain, de si nombreux exemples, *jura vigilantibus scripta sunt :* l'usufruitier, qui ne perçoit pas les fruits auxquels il a droit, est réputé en faute, et il ne les acquiert pas.

Quoi qu'il en soit, nous allons rechercher d'abord ce qu'il faut entendre par la *perception*, condition d'acquisition des fruits, puis nous nous demanderons si le droit romain n'a pas tempéré sa rigueur primitive en cette matière comme en beaucoup d'autres.

Le jurisconsulte Paul, craignant sans doute qu'on n'attribue au droit de l'usufruitier un caractère alimentaire trop prononcé, a soin dans deux passages (*f. 78 De rei vindic.*, VI, 1, et 13 *Quib. mod. ususf. amitt.*, VII, 4) de nous prévenir qu'il n'est pas nécessaire, pour qu'il y ait perception, que les olives soient transformées en huile, les raisins en vin, mais qu'il suffit que la récolte soit isolée de la terre, ait reçu une existence individuelle, distincte de la chose frugifère. La perception, c'est donc la prise de possession des fruits par l'usufruitier *animo et corpore, animo utique suo, corpore vel suo vel alieno*. Le fait matériel, inconscient ou accompli sous l'empire de l'erreur, le *corpus* tout seul, ne serait pas un acte de perception : il faut, de la part de l'usufruitier, un acte accompli en connaissance de cause, avec la volonté de se comporter en maître. D'autre part, l'*animus* seul ne suffirait pas pour constituer la perception : les fruits sont tombés : l'usufruitier le sait ; mais il se trouve, à raison de son éloignement, empêché de faire sur eux acte de maître : la volonté qu'il peut avoir de se les approprier, est impuissante à les lui faire acquérir.

Mais l'acquisition de la propriété par le canal de la possession, est susceptible de se réaliser dans deux ordres de circonstances : dans l'occupation, mode originaire, et dans la tradition, mode dérivé: Savigny (*Traité de la possession*, § 22 ª) rattache l'acquisition de l'usufruitier, ainsi que celle du fermier et de tous ceux qui tiennent du propriétaire leur droit aux fruits à l'idée de tradition. « L'appréhension, dit-il, équivaut à une véritable tradition. Si le propriétaire de la chose est propriétaire quiritaire, il s'ensuit que l'usufruitier acquerra une propriété tantôt quiritaire, tantôt simplement bonitaire : quiritaire, si la chose est une *res nec mancipi* comme tous les produits agricoles : bonitaire, si c'est une *res mancipi*, un cheval par exemple (*V. dans le même sens*, de Fresquet, *Traité élémentaire de droit romain*, t. I, p. 265 ; Mainz, *Éléments de droit romain*, t. I, § 194, note 34 ; Puchta, *Pandekten*, § 150).

Je reconnais que la tradition ne consiste pas nécessairement dans une remise de la possession, et que le fait de laisser prendre une chose peut aussi bien emporter tradition (*V.* Ulp., *f.* 6, *De donat.*, XXXIX, 5). Je concède également que le rapprochement de l'usufruitier et du fermier est de nature à prêter à cette opinion un certain appui. J'ai de la peine néanmoins à m'y rallier, et avec d'autres auteurs (Arndts, *Lehrbuch der Pandekten*, § 156, note 1), je suis plus porté à croire que l'acquisition de la propriété des fruits par l'usufruitier, a plus d'analogie avec l'occupation qu'avec la tradition. Le propriétaire abandonne la jouissance de sa chose et l'usufruitier s'empare des fruits, les fait siens en les percevant. Le § 36 *Inst. De rer. divis.*, est placé à la suite des modes originaires d'acquisition : l'exposition des modes dérivés ne commence qu'avec le § 40 *eod. tit.*, qui traite de la tradition (1).

Le système de Savigny donne prise à une objection sérieuse, et expose le droit de l'usufruitier à un grave danger. C'est un principe élémentaire que la propriété, de même que la possession, qui n'est que l'exercice de la propriété, ne peut avoir pour objet que des *res certæ*, des choses corporelles individualisées, douées d'une existence indépendante des autres choses qui les entourent. La tradition qui consiste dans la remise de la possession, ne peut elle-même avoir pour objet qu'une *res certa* (Pomponius, *f.* 40 *De act. emti*, XIX, 1). Or, des fruits futurs, n'ayant pas d'existence propre, ne peuvent faire l'objet d'une tradition qu'au moment où ils sont détachés de la chose : le droit de l'usufruitier s'analyserait en une série de traditions successives, consenties par le nu-propriétaire à l'usufruitier, au moment où les fruits seraient détachés par celui-ci, les fruits appartiendraient un instant de raison au nu-propriétaire et le fait de les laisser prendre constituerait la tradition. Mais pour consentir une tradition, il faut être propriétaire et capable d'aliéner : le nu-propriétaire pourrait n'être plus propriétaire de la chose grevée d'usufruit : il pourrait être devenu incapable d'aliéner, la tradition deviendrait impossible au profit de l'usufruitier. Pareille conséquence est difficilement admissible.

D'autre part, la tradition, en tant que mode dérivé, fait acquérir la chose, grevée des droits réels, qui la frappent du chef du *tradens*. Le nu-propriétaire a pu, depuis la constitution de l'usufruit (2), hypothèquer les fruits futurs : car le droit réel d'hypothèque peut avoir pour objet une chose future, des biens à venir (Gaïus, *f.* 15 *pr.*, *De pignor.*, XX, 1). L'usufruitier, acquérant les fruits par l'effet d'une tradition, serait tenu de

(1) Il y aurait bien à dire sur cette classification des modes d'acquérir plus moderne que romaine. Pour les Romains, le mode type, c'est le mode dit originaire, l'occupation. La mancipation dans laquelle l'acquéreur joue seul un rôle actif, ne serait que l'occupation régularisée. L'*in jure cessio* n'est, en la forme, ni l'un ni l'autre. La tradition flotte incertaine entre les deux : Cpr. §§ 46 et 47 *De rer. divis. Inst.*, II, 1.

(2) L'hypothèque sur les fruits futurs, antérieure à la constitution de l'usufruit, serait en tout cas opposable à l'usufruitier, ayant-cause du nu-propriétaire.

respecter cette hypothèque (V. Jourdan, *De l'hypothèque en droit romain*, p. 328).

Avec l'opinion qui fait de la perception un acte juridique, analogue à l'occupation, le nu-propriétaire peut, après coup, cesser d'être propriétaire, perdre la capacité d'aliéner : il peut hypothéquer les fruits futurs. L'usufruitier n'en gardera pas moins le droit de percevoir les fruits, et l'hypothèque consentie par le nu-propriétaire ne lui sera pas opposable.

Quelle que soit l'idée à laquelle on s'attache, il faut reconnaître que la perception, condition d'acquisition des fruits pour l'usufruitier, suppose que celui-ci a été mis en rapport de fait avec la chose grevée de son droit, a obtenu la délivrance effective de son legs notamment : tant qu'il n'a que le droit, sans en avoir l'exercice, il lui est impossible de percevoir et d'acquérir. Le retard apporté à la mise de l'usufruitier en jouissance peut être imputable à faute au nu-propriétaire : s'il se laisse poursuivre par l'action confessoire, et qu'il succombe, le juge, dans la satisfaction arbitrée par lui ou dans le montant de la condamnation, pourra faire entrer en ligne de compte les fruits que l'usufruitier aurait pu percevoir (Ulp., *f.* 5, § 3, *Si usufr. petetur*, VII, 6). Julien admet même que l'héritier qui, grevé d'un legs d'usufruit, retarde son acceptation de la succession, pour empêcher le légataire d'acquérir son droit et d'en exiger la délivrance, doit les fruits à ce légataire (F. 35, *pr. De usufr.*) (1).

Mais si le retard dans la délivrance du legs provient de la

---

(1) Le légataire, qui peut critiquer une acceptation tardive, ne pourrait pas se plaindre du refus d'acceptation de la succession par l'héritier. Le successible est libre, en répudiant, de faire tomber tous les legs (Gaïus, *f.* 7, *Si quis omissa*, XXIX, 4). Les fidéicommissaires d'hérédité (fidéicommissaires universels ou à titre universel) ont seuls, jusqu'à Justinien, le droit de se passer de cette acceptation, de forcer l'héritier à accepter. Je ne crois pas que le légataire de l'usufruit de la totalité ou d'une fraction de la succession puisse invoquer cette disposition du S. C. Pégasien : car « seuls peuvent contraindre l'institué à faire adition, ceux qui, placés *loco heredum* exonèrent l'héritier de toute poursuite de la part des créanciers » (*Inst.* d'Ortolan, t. II, *Append.* de M. Labbé, p. 749). Le légataire d'usufruit, en droit romain, est toujours un légataire à titre particulier, sauf le droit qu'il aura comme tout légataire, d'après la Nov. I, de prendre sous certaines conditions, la qualité de successeur universel pour éviter la caducité de son legs par le refus d'acceptation de l'institué.

faute de l'usufruitier, il n'a plus le droit de se plaindre : tel est notamment le cas où l'usufruitier refuse de fournir à l'héritier la *cautio usufructuaria*, ou ne lui offre qu'une *cautio* insuffisante : l'héritier, poursuivi par l'action confessoire, la paralysera *per exceptionem*, et quand ensuite, l'usufruitier se décidera à donner caution, je ne crois pas qu'il doive restituer les fruits qu'il a perçus. Papinien, *f.* 24, *De usu et usuf. leg.*, XXXIII, 2, décide que les intérêts de la créance grevée d'usufruit ne sont acquis à l'usufruitier que *post interpositam cautionem :* il doit en être de même des fruits naturels. L'article 604 du Code civil a décidé le contraire.

La sévérité du droit romain vis-à-vis de l'usufruitier s'est-elle tempérée? Quelques auteurs ont soutenu que pour certains fruits naturels, le croît des animaux, l'usufruitier en devenait propriétaire *separatione*, et non pas *perceptione :* ainsi le voudrait le § 37 *Inst.*, *De divis. rer.*, II, 1. Les fruits de la terre, ajoute-t-on, ont besoin, pour être perçus, du fait de l'homme : ce fait est indispensable pour consommer la production; c'est pour cela qu'un acte de perception de la part de l'usufruitier serait nécessaire pour les faire entrer dans son patrimoine. Le croît, au contraire, est un produit qui se détache de lui-même, sans avoir besoin du fait de l'homme (V. Genty, *Traité de l'usufruit en droit romain*, n° 168; Wächter, *Pandekten*, § 154, note 13). Le texte ne me paraît pas suffisamment explicite pour autoriser une dérogation au principe. Les petits des animaux ne deviennent la chose de l'usufruitier comme les autres fruits , que par la perception (V. Arndts, *Pandekten*, § 156, note 1). La perception, d'ailleurs, résultera du fait de la naissance dans l'étable de l'usufruitier : il y a là une prise de possession suffisamment caractérisée.

En admettant que la règle soit absolue, faut-il en conclure que les fruits qui se sont détachés d'eux-mêmes, par l'effet de la maturité ou d'un coup de vent, première circonstance dans laquelle les fruits peuvent se trouver séparés autrement que par le fait de l'usufruitier, deviennent la propriété définitive du nu-propriétaire et sont irrévocablement perdus pour l'usufruitier? Cette conséquence fort dure paraît bien découler d'un texte du jurisconsulte Paul, le *f.* 13, *Quib. mod. ususf. amitt.*, VII, 4 : le jurisconsulte observe que la décision,

*

qui est donnée au cas où l'usufruitier a secoué l'arbre et fait tomber les olives, ne doit pas être étendue à celui où les olives sont tombées d'elles-mêmes, et la raison par lui donnée, c'est qu'à la différence du possesseur de bonne foi, l'usufruitier ne fait les fruits siens que par la perception, qui n'a pas eu lieu dans l'espèce. Les olives sont tombées : à moins de les déclarer *res nullius*, ce qui serait bizarre et dangereux, il n'y a d'autre ressource que de les faire acquérir au propriétaire. Est-ce à dire qu'il n'y ait plus de perception possible sur ces fruits de la part de l'usufruitier? Si l'usufruitier les ramasse de son vivant, ne les perçoit-il pas, et n'en enlève-t-il pas la propriété au propriétaire? Le texte du jurisconsulte n'y fait pas obstacle : il vise l'hypothèse de la mort de l'usufruitier : il est placé dans le titre qui traite de l'extinction de l'usufruit. Son héritier n'a plus le droit de perception : c'est à cela qu'il convient de limiter la portée de notre texte : les fruits tombés ne sont perdus pour l'usufruitier que quand il meurt avant de les avoir ramassés, avant d'en avoir opéré la perception (1). S'il les recueille, efface-t-il avec effet rétroactif la propriété un instant acquise au nu-propriétaire? La question n'est pas sans intérêt, si celui-ci, en prévision d'une extinction toujours possible de l'usufruitier, avait hypothéqué les fruits de sa chose.

Une seconde circonstance, dans laquelle la jurisprudence romaine a certainement tempéré la rigueur de la règle, est celle où la chose grevée d'usufruit s'est trouvée pendant plus ou moins longtemps entre les mains d'un possesseur ou d'un quasi-possesseur de mauvaise foi, d'un individu qui se prétend plein-propriétaire ou usufruitier. L'usufruitier véritable intente contre lui l'action confessoire. Ulpien (*f.* 5, § 3 et seq., *Si usuf. pet.*, VII, 6) décide que le demandeur qui triomphe a droit aux fruits. L'action confessoire est une sorte de revendication, et c'est une action arbitraire. Or, dans les actions arbitraires (§ 31, *Inst.*, *De action.*, IV, 6), le juge a le pouvoir d'arbitrer *ex bono et æquo* le montant de la satisfaction à procurer au demandeur, et aussi le montant de la condamnation, à défaut d'exécution de son *jussum*. L'équité veut que l'usu-

---

(1) Nec obstat le § 36, *Inst.*, *De rer. divis.*, qui prévoit le cas habituel.

fruitier ait droit aux fruits qu'il aurait dû percevoir : le juge en tiendra compte, et les fera restituer en nature ou en valeur à l'usufruitier. Et cependant le possesseur de mauvaise foi n'était pas l'agent, le ministre de l'usufruitier : il a perçu *suo nomine*, et, en percevant, il n'a pas fait acquérir la propriété des fruits à l'usufruitier. Malgré cela, l'usufruitier a droit à ces fruits. S'il y a droit, le nu-propriétaire n'y a pas droit, et si c'est ce dernier qui est défendeur à l'action confessoire, il en doit compte à l'usufruitier. En somme, celui-ci, triomphant dans l'action confessoire, a le droit d'être replacé, au moins par équivalent, dans la situation où il aurait été, s'il avait joui lui-même : bien qu'il n'ait pas perçu ou fait percevoir les fruits, il les gagne.

La troisième situation, dans laquelle la dureté de la règle romaine soulève une difficulté sérieuse, est celle où les fruits ont été détachés de la chose par un voleur. Ce maraudeur peut être un tiers ; ce peut être le nu-propriétaire. Si c'est un tiers, les jurisconsultes Julien, Marcellus et Ulpien (*f.* 12, § 5, *De usuf.*) recherchent lequel, du nu-propriétaire ou de l'usufruitier, va acquérir contre le voleur la *condictio furtiva*, la créance en réparation du préjudice causé par le *furtum*, et Julien, approuvé implicitement par Ulpien, l'accorde au nu-propriétaire de préférence à l'usufruitier. La raison qu'il en donne, ainsi que Marcellus, c'est que l'usufruitier ne peut devenir propriétaire des fruits que par la perception venant de lui : or, ici l'usufruitier n'a pas perçu, et comme ce ne peut pas être le voleur qui devienne propriétaire, ce sera le nu-propriétaire, et ce sera lui qui aura contre le voleur la *condictio furtiva* : car c'est un principe bien connu que cette action, destinée à suppléer la revendication, ne peut, comme elle, appartenir qu'à celui qui est propriétaire de la chose volée.

La décision est dure pour l'usufruitier : un événement absolument indépendant de sa volonté, qui ordinairement ne lui sera pas imputable, le vol, va avoir pour conséquence de le priver d'une partie de l'émolument auquel il a droit. La raison s'en trouverait-elle dans ce fait que les fruits volés étaient mûrs, le jurisconsulte le suppose, et que l'usufruitier peut se reprocher de ne les avoir pas recueillis à temps ? S'il en était ainsi, il faudrait admettre que le vol des fruits non mûrs engendrerait au profit de l'usufruitier la *condictio furtiva*, ce qui est contraire aux principes : le jurisconsulte, en mentionnant la maturité des fruits, veut dire que malgré cette circonstance les fruits ne sont pas encore la propriété de l'usufruitier.

Suffit-il, pour atténuer la rigueur de la décision, et la rendre admissible, de dire que l'usufruitier, auquel est déniée la *condictio furtiva*, l'action en réparation civile contre le voleur, aura contre lui l'*actio furti*, l'action en paiement de l'amende, la créance pénale, et que cette créance lui tiendra lieu de la créance en dommages-intérêts? Mais le propriétaire, victime d'un *furtum*, a cumulativement les deux créances et actions : pourquoi l'usufruitier ne les aurait-il pas? En outre la créance d'amende supérieure par son objet à la créance d'indemnité, lui est inférieure à plusieurs égards : elle est exposée à s'éteindre par la mort du voleur : elle est beaucoup plus fragile que la créance en réparation, qui est pleinement transmissible contre les héritiers du voleur. Si le voleur de fruits est un esclave de peu de valeur, mais placé à la tête d'un pécule considérable, l'*actio furti* ne se donnera que *noxaliter*, et le défendeur n'hésitera pas à faire l'abandon noxal de l'esclave : la *condictio furtiva* aurait été vraisemblablement donnée *de peculio*.

L'usufruitier aura-t-il soit contre le voleur, soit contre le nu-propriétaire d'autres moyens pour faire disparaître cette inégalité, qui existe entre lui et le propriétaire?

Contre le voleur d'abord, si nous supposons que le vol a été commis dans des circonstances telles qu'il engendre au profit de l'usufruitier les interdits quasi-possessoires, qu'il constitue un trouble à sa *possessio juris*, l'usufruitier aura contre ce voleur des interdits utiles, et il arrivera à obtenir ainsi une indemnité qu'il ne peut pas avoir avec la *condictio furtiva*. — En outre, Ulpien, au *f.* 12, § 2, *De cond. furt.*, XIII, 1, accorde au créancier gagiste, dont le gage est volé, une *condictio incerti*, tenant lieu sans doute de la *condictio furtiva* qu'il ne peut pas intenter, parce qu'il n'est pas propriétaire. N'y a-t-il pas même raison d'accorder cette *condictio* à l'usufruitier, d'autant que le créancier gagiste a un moyen, l'action *pigneratitia contraria* pour se faire céder la *condictio furtiva* par le propriétaire, tandis que l'usufruitier n'a pas de ressource analogue? N'est-ce pas un motif de plus de venir à son secours?

Contre le nu-propriétaire ensuite, l'usufruitier peut-il, invoquant quelque principe de droit, être armé de quelque action à l'effet de se faire retransférer le bénéfice acquis par le premier contre toute équité? Il y a bien des circonstances, surtout en droit romain, dans lesquelles celui qui a acquis un droit, une action, ne les gagne pas, est tenu de les repasser à un autre, ne les acquiert que pour être tenu de les céder à un autre qui en aura le bénéfice définitif : tel est notamment le vendeur qui, toujours propriétaire de la marchandise vendue, acquiert contre le voleur de cette marchandise la revendication, la *condictio furtiva*, même l'*actio furti*, mais est obligé de céder ces actions à son acheteur (§ 3 *in fine, Inst., De emt. et vendit.*, III, 23). L'usufruitier ne peut-il pas, lui aussi, exiger du nu-propriétaire la cession de l'action en revendication et de la *condictio furtiva* contre le voleur de fruits? Pour pouvoir exiger de quelqu'un un fait, une prestation, ici la cession de certaines actions, il faut avoir contre lui un droit, une créance. Or, de droit commun l'usufruit, droit réel, ne crée aucun rapport personnel, aucun droit de créance entre l'usufruitier et le nu-propriétaire. Est-il établi entre-vifs par l'*in jure cessio*, à la suite d'une convention de donation, faite par exemple entre deux conjoints qui divorcent *bona gratia*, l'*in jure cessio* est un acte juridique, créateur d'un droit réel, et rien que cela : il n'est pas un contrat. Est-il constitué par legs, le legs *per vindicationem* fonde l'usufruit comme droit réel, mais n'engendre pas de droit de créance entre l'héritier et le légataire. L'usufruitier et le nu-propriétaire sont comme deux voisins, propriétaires de deux immeubles contigus : entre ces deux voisins, titulaires chacun d'un droit réel, il n'y a pas de rapport de droit. Ces deux voisins sont tenus sans doute l'un envers l'autre des devoirs dont tout homme est tenu envers ses semblables ; mais ces devoirs ne sont pas des obligations : autrement tous les hommes seraient débiteurs les uns des autres. L'usufruitier et le nu-propriétaire sont, en droit, exactement dans la même situation l'un vis-à-vis de l'autre : leurs deux droits reposent côte à côte sur la même chose matérielle, mais leurs titulaires ne se doivent rien. L'usufruitier, d'abord n'est pas, à raison de sa seule qualité, débiteur, tenu d'une obligation envers le nu-propriétaire : on parle quelquefois des obligations de l'usufruitier en droit romain comme en droit français. Il faut prendre garde. En droit français, la loi a établi un rapport d'obligation à la charge de l'usufruitier. Le droit romain n'a jamais rien connu de pareil. L'usufruitier a des devoirs, moins étendus qu'un non-propriétaire, parce qu'il a le droit de percevoir les fruits; mais des obligations légales, il n'en a pas. Pour qu'il soit obligé, il faut qu'il contracte avec le nu-propriétaire, qu'il s'oblige par stipulation : c'est la *cautio usufructuaria*.

En sens inverse, et ceci est encore vrai aujourd'hui, je le crois du moins, le nu-propriétaire n'est légalement, en vertu de sa seule qualité, débiteur de quoi que ce soit envers l'usufruitier. Sans doute le nu-propriétaire ne doit rien faire qui puisse nuire à l'usufruitier : mais ce n'est pas là une obligation : c'est un devoir qui lui est commun avec tous les hommes. Aussi à la différence du bailleur qui est débiteur de son locataire, le nu-propriétaire n'est tenu, ni au moment de l'ouverture de l'usufruit, ni pendant son cours, de faciliter à l'usufruitier l'exercice de son droit : il lui remet la chose telle qu'elle est, et il n'est astreint à aucune réparation.

De même en outre le nu-propriétaire qui a acquis contre le voleur de fruits la revendication et la *condictio furtiva*, n'est pas légalement débiteur de ces actions, à moins que le testateur, après avoir légué l'usufruit, ne condamne son héritier à céder à l'usufruitier les droits et actions qu'il pourra acquérir dans le cours de l'usufruit : mais alors nous avons deux legs; un legs *per vindicationem*, legs d'usufruit; puis un legs *per damnationem :* si l'usufruitier est créancier, c'est moins comme usufruitier, que comme bénéficiaire du second legs.

Mais l'usufruitier ne peut-il pas, par une autre voie, arriver à son but? On sait quelle extension la jurisprudence romaine a donnée à la théorie de la *condictio sine causa*, sanction du principe d'équité d'après lequel nul ne doit pouvoir,

sans cause légitime, s'enrichir aux dépens d'autrui. L'usufruitier, se plaçant à l'abri de ce principe, ne peut-il pas se
prétendre créancier *quasi ex contractu* du nu-propriétaire, du
montant de l'enrichissement injuste procuré à celui-ci par le
fait du voleur, et intenter contre lui une *condictio sine causa*,
tendant à la cession des actions acquises contre le voleur?
Mais pour avoir la *condictio sine causa*, sanction de cette
créance quasi-contractuelle, ne faut-il pas qu'une valeur soit
sortie d'un patrimoine pour passer dans un autre? et ici cette
condition ne fait-elle pas défaut? Si, malgré cela, nous ac-
cordons à l'usufruitier la *condictio sine causa*, nous consta-
terons que sa situation est encore inférieure à celle que lui
fait le droit français qui le déclare propriétaire des fruits :
il vaut mieux être propriétaire et avoir l'action en revendication que d'être créancier, et d'avoir seulement une action
personnelle à l'effet de se faire céder une action en revendication : le débiteur, ici le nu-propriétaire, peut être insol-
vable : l'usufruitier n'aura pas droit à la cession des actions,
à l'exclusion des autres créanciers de son débiteur.

D'autre part, si nous refusons à l'usufruitier tout droit,
direct ou indirect, sur les fruits volés, ne risquons-nous pas
de nous mettre en contradiction avec la décision équitable
donnée au profit de l'usufruitier qui intente l'action confessoire contre un possesseur de mauvaise foi et qui a droit aux
fruits, bien qu'il ne les ait pas perçus? N'y a-t-il pas des
raisons, au moins aussi puissantes, pour venir au secours de
l'usufruitier, victime d'un vol?

Si le voleur de fruits se trouve être le nu-propriétaire, les
droits à accorder contre lui à l'usufruitier dépendront des solu-
tions qu'on admettra sur la situation précédente. Suivant que
nous voudrons donner ou non satisfaction à l'équité, nous
ouvrirons à l'usufruitier, ou exclusivement *l'actio furti*, ou
en outre la *condictio sine causa* ou une *condictio incerti*.

Enfin, le délit commis au préjudice de l'usufruitier peut,
au lieu d'un *furtum*, être le délit de la loi Aquilie, une destruction ou une détérioration de fruits, commise soit par un
tiers, soit par le nu-propriétaire. Le plébiscite du tribun
Aquilius exigeait, pour qu'il y eût délit punissable, un *dam-
num corpori datum*, un dommage causé à une chose corpo-

relle, au droit de propriété. Or, l'usufruit est une *res in-corporalis*. Le propriétaire seul avait l'action *legis Aquiliæ*, était constitué créancier *ex delicto* d'une amende : l'usufrui-tier ne l'avait pas. La loi Aquilie n'avait voulu protéger que le droit de propriété. Mais la jurisprudence a élargi la notion du délit et a donné à l'usufruitier l'*actio utilis legis Aquilia* (Ulp., *f.* 11, § 10; Paul, *f.* 12, *Ad leg. Aquil.*, IX, 2).

En somme, la règle romaine, d'après laquelle l'usufruitier doit percevoir les fruits pour les acquérir et les gagner, est sévère et donne lieu à beaucoup de difficultés d'application. En l'abandonnant, notre ancienne jurisprudence française et le droit actuel ont réalisé un notable progrès.

Nous examinerons le même problème à propos des fruits dits civils (1), les créances de revenus, qui ont pour cause la jouissance d'un capital, mobilier ou immobilier. Des textes il résulte implicitement que l'usufruitier ne les acquiert pas de la même façon que les fruits naturels, que le fait du paie-ment de ces créances pendant la durée de l'usufruit ne cons-titue pas l'élément essentiel de l'acquisition. Mais c'est en vain qu'on chercherait, dans ces textes, une règle spéciale, correspondant à celle qui régit les fruits naturels : les juris-consultes romains se sont bornés à appliquer à l'usufruit les principes généraux, soit du contrat de louage, soit des legs, qui sont la source de beaucoup la plus fréquente du droit d'usufruit, et ils sont, avec ces principes, arrivés à des ré-sultats qui, pour l'*usufruitier*, ne diffèrent pas sensiblement de ceux auxquels conduit la formule de l'article 586 C. civ. : « Les fruits civils sont réputés s'acquérir jour par jour. »

Nous prendrons d'abord le bail à loyer, la location d'un bien qui ne donne pas de fruits naturels. L'usufruitier d'une maison, d'un navire, trouve, à l'ouverture de son droit, la chose entre les mains d'un locataire, qui avait traité avec le propriétaire. Dans notre droit français, l'usufruitier est tenu de respecter le bail : il est subrogé légalement aux droits,

(1) La qualification n'est pas romaine : ce sont nos anciens auteurs qui, d'après Papinien (*f.* 62, *De rei vindic.*, VI, 1), ont imaginé cette expression. Mais les Romains appelaient déjà *fructus* les créances de revenus (Gaïus, *f.* 19, *pr.*, *De usur. et fruct.*, XXII, 1).

créances et obligations du bailleur, et il acquiert désormais, tant que durera son droit, la créance de loyers. Cette créance s'est répartie entre le nu-propriétaire et l'usufruitier, proportionnellement à la durée de la jouissance de chacun d'eux. Telle ne sera pas la situation en droit romain : car, de même que l'acquéreur de la propriété, l'usufruitier n'est pas obligé de maintenir le bail consenti par le propriétaire. « Comme le preneur n'a pas de droit réel, dit très bien M. Accarias (*Précis*, t. II, n° 616), l'antériorité de son titre ne saurait le protéger contre le titre plus fort de l'acquéreur, et celui-ci l'expulse très régulièrement (1). » L'usufruitier, en vertu de son droit réel, va expulser le preneur qui, bien que mis en jouissance, ne participe en rien à la propriété de son bailleur et n'a qu'un droit de créance (Paul, *f.* 59, § 1, *De usufr.*). Il ne peut pas être question pour l'usufruitier de fruits civils.

Mais, pour éviter le recours en garantie de son locataire, le nu-propriétaire, en léguant l'usufruit de sa maison, ne manquera pas d'imposer à son légataire l'obligation de ne pas expulser le locataire (2). Je ne crois pas qu'en pareille circonstance nous ayions une répartition de créance entre le nu-propriétaire et l'usufruitier. La forme habituelle, sous laquelle devait, suivant moi, se présenter la clause en question, était celle d'une condition suspensive apposée au legs d'usufruit, ou tout au moins d'une charge. Le légataire, pour accomplir la condition, ou exécuter la charge, et obtenir la délivrance de son legs, n'avait qu'à consentir au locataire un nouveau bail. Ainsi se trouvait écartées toutes les difficultés ; il n'y avait pas à se préoccuper de la maxime : *res inter alios acta...*,

---

(1) On a dit quelquefois que l'aliénation, totale ou partielle de la chose donnée à bail, mettait fin au bail. Le bail prend si peu fin que l'expulsion du locataire par l'acquéreur ouvre au premier une action en garantie contre le bailleur. Le bail ne prend pas plus fin que la vente, quand le vendeur aliène la marchandise vendue avant de la livrer à son acheteur. Wächter (*Pandekten*, t. I, § 36) a raison de critiquer l'adage allemand : *Kauf bricht Miethe*. Le vieil adage français : *Vente passe louage*, est plus exact.

(2) Cette clause accessoire peut n'être que tacite, résulter notamment de ce fait que le testateur, en léguant l'usufruit, a légué en outre les loyers à échoir. Ce *legatum nominis* emporte tacitement à la charge de l'usufruitier, obligation de ne pas expulser le locataire : *f.* 59 *cit.*

le maintien de l'ancien bail au profit et à la charge de l'usufruitier aurait nécessité des cessions d'actions, des novations par changement de débiteur. Le procédé indiqué évitait tout. Si l'usufruitier était créancier et débiteur du locataire, ce n'était pas à raison de l'ancien bail, auquel il n'avait pas été partie, mais à cause du bail nouveau par lui conclu. Le locataire pouvait sans doute refuser son adhésion au nouveau bail : l'usufruitier n'avait alors d'autre moyen que de prendre envers le nu-propriétaire l'engagement de ne pas évincer le locataire ; mais alors celui-ci conservait pour créancier et débiteur son bailleur primitif, sauf des arrangements entre lui et l'usufruitier.

Au lieu du propriétaire, c'est l'usufruitier qui, suivant son droit, a donné à bail la maison grevée d'usufruit. Si le bail a pris fin avant l'extinction de l'usufruit, il n'y a pas de question : le contrat, qui est l'œuvre de l'usufruitier, produit tous ses effets à son profit et contre lui : peu importe que les loyers ne soient pas encore payés au jour de la mort de l'usufruitier : ils restent dus à sa succession. Mais le temps fixé à la durée du bail n'était pas encore expiré au moment où l'usufruit prend fin. Dans notre système moderne, le propriétaire, qui rentre en jouissance, est tenu de respecter dans une certaine mesure le bail émané de l'usufruitier, et la créance de loyers, issue de ce bail, se répartit entre les deux proportionnellement à la durée du droit de l'usufruitier, sans tenir compte d'un paiement anticipé de loyers qui pourrait avoir eu lieu, ou d'un retard dans le paiement de loyers échus. Le droit romain était beaucoup moins soucieux des intérêts de l'usufruitier : le bail par lui conclu était, quant à sa durée, aléatoire comme son droit d'usufruit, et n'était jamais opposable au propriétaire : car, à la différence de l'usufruitier qui, entrant en jouissance, peut se voir imposer l'obligation de ne pas évincer le preneur, le propriétaire rentrant en jouissance, n'est pas l'ayant-cause de l'usufruitier, et en vertu de son droit de propriété, il a le droit absolu d'évincer le locataire (1).

---

(1) Sauf le recours en garantie de ce locataire, si l'usufruitier en louant s'est présenté comme propriétaire : car, s'il a fait connaître sa qualité, il n'est pas garant : l'extinction de l'usufruit est un cas fortuit, une destruction de l'objet loué, qui était l'usufruit (Ulp., *f.* 9, § 1, *Locati*, XIX, 2).

L'incertitude qui pesait sur la jouissance du locataire devait en pratique être très nuisible à l'usufruitier, qui probablement ne trouvait des locataires qu'avec difficulté, ou n'en trouvait qu'à des conditions très désavantageuses.

Mais si le bail finissait avec l'usufruit, et si pour l'avenir il ne pouvait pas s'agir d'une acquisition de loyers pour le propriétaire rentré en jouissance, pour le passé, pour le temps pendant lequel avait duré le bail, le locataire devait les loyers en proportion de la jouissance qui lui avait été procurée : « *pro rata temporis quo fruitus est, pensionem præstabat* » (Ulp., *f.* 9, § 1, *Locati*). Le bail est un contrat successif : il engendre une série, une succession de créances futures, autant de créances qu'il y a de jours de jouissance effective procurée au locataire par son bailleur (V. Bufnoir, *Traité de la condition en droit romain*, p. 288, note et p. 295). « Les loyers de maisons, dit Pothier (*De la communauté*, n° 220), échéent tous les jours et sont dus tous les jours par portion. » Le locataire a habité la maison deux ans par hypothèse : il doit à l'usufruitier deux années de loyers. L'usufruitier a acquis *quotidie* autant de créances de loyers qu'il a procuré de jours de jouissance à son locataire. Les fruits civils, consistant ici dans les loyers, lui ont été acquis jour par jour, et lui appartiennent à proportion de la durée de son droit. Il n'y a là rien de particulier à l'usufruitier : c'est l'application des règles du louage. Le résultat final pour l'usufruitier se trouve donc être le même qu'en droit français. Mais entre les deux législations il existe cette différence considérable, qu'il n'y a pas à Rome de répartition d'une créance de loyers, issue d'un bail unique, entre l'usufruitier et le nu-propriétaire ; même dans le cas où le propriétaire trouvant excellent le bail conclu par l'usufruitier, consentirait à laisser le locataire en jouissance : en supposant que le locataire y consente, nous serions en présence d'un nouveau bail, et nous aurions deux créances, émanées de deux contrats distincts.

Les règles que nous venons d'exposer à propos du bail à loyer, doivent-elles toutes être transportées au bail à ferme, à la location de biens productifs de fruits naturels? Si le bail a été consenti par le propriétaire avant l'ouverture de l'usufruit, les principes sont les mêmes : l'usufruitier a le droit d'expulser le fermier et de cultiver lui-même, de faire les récoltes prêtes peut-être à être coupées, sauf le recours en garantie du fermier contre son bailleur. Le maintien du fermier peut avoir été imposé à l'usufruitier : il sera procédé comme nous avons dit plus haut.

Le bail a été contracté par l'usufruitier : il n'est jamais opposable au propriétaire à l'extinction de l'usufruit. Dans quelle mesure l'usufruitier ou son héritier a-t-il droit aux fermages ? On peut soutenir et on a soutenu (Genty, *op. cit.*, n°s 173 à 176) que le bail à ferme était régi exactement par les mêmes principes que le bail à loyer, qu'il n'y avait au regard de l'usufruitier aucune différence à faire entre ces deux espèces de baux. Ulpien, au *f.* 9, § 1, *Locati*, met sur la même ligne le bail d'un *fundus* et le bail d'*œdes* ou d'*habitatio* : or, qu'est-ce que peut être un *fundus*, sinon un bien rural productif de fruits naturels, et des deux sortes de baux, le jurisconsulte dit : « *Pro rata temporis quo fruitus est, conductor pensionem usufructuario præstare debet.* » Telle n'était pas, on le sait, l'interprétation que donnaient du droit romain nos anciens auteurs (V. Pothier, *Communauté*, n° 219 ; *Du douaire*, n° 204. *Nouveau Denizart*, V. *Fruits*, § 3, n° 3). « Les fermages sont dus et échus du moment où a été faite la récolte des fruits, parce qu'ils sont le prix des fruits. Ainsi, ils appartiennent à l'usufruitier qui décède postérieurement à cette récolte, quoiqu'avant le terme fixé pour le paiement de ces fermages ; et si son décès arrive pendant le cours de la récolte, sa succession a droit à une partie des fermages, proportionnelle à celle de la récolte qui se trouvait faite à ce moment. » Pour le décider ainsi, nos anciens auteurs s'appuyaient sur le *f.* 58, *pr.*, *De usufr.*, que dans l'opinion contraire on regarde comme réglant uniquement les rapports de l'usufruitier avec le fermier, et non ceux de l'usufruitier et du propriétaire, deux ordres de relations qu'il faut soigneusement distinguer. La question est délicate : je suis porté à croire que nos anciens auteurs avaient exactement interprété le droit romain. L'assimilation des deux espèces de baux peut être pratiquement bonne : l'article 586 du C. civ. a sagement agi en la décidant : mais en raison pure, elle n'est pas irréprochable. Les loyers de maisons sont la représentation de l'usage qui est de chaque jour : il est juste qu'ils soient acquis de la même façon que l'utilité provenant de l'usage lui-même, c'est-à-dire jour par jour. Les fermages, au contraire, sont l'équivalent des fruits naturels : si l'usufruitier avait exploité lui-même, il aurait acquis, conformément à la règle, des fruits naturels ; l'étendue de son droit ne doit pas varier, parce qu'il donne le fonds à bail ; il ne doit avoir droit au fermage que quand la récolte est déjà faite par son fermier, et il ne doit y avoir droit que dans la proportion de la récolte faite de son vivant. Le *f.* 9, § 1, ne résiste pas à cette interprétation : l'expression *fundus* signifiât-elle terre arable, ce qui est contestable, le fermier qui a fait toutes les récoltes, a eu la jouissance intégrale, et doit à l'usufruitier la totalité du fermage, alors même que l'année du bail ne serait pas encore expirée : quand il n'a fait encore que la moitié de la récolte, il n'a eu qu'une moitié de jouissance, et il ne doit que la moitié de son fermage. Du fermier comme du locataire, on peut dire qu'il doit son loyer au *prorata* de la jouissance qui lui a été procurée. Quant au *f.* 58, ce qui me porte à penser qu'il n'est pas étranger aux rapports de l'usufruitier et du nu-propriétaire, c'est que le jurisconsulte s'était demandé si les fermages ne devraient pas être répartis entre l'usufruitier et le nu-propriétaire au lieu d'être dus intégralement à l'usufruitier.

La conclusion à tirer de ce texte est donc : 1° que si, comme il le suppose, toute la récolte a été faite du vivant de l'usufruitier, c'est l'usufruitier qui a droit à la totalité du fermage ; 2° que si l'usufruitier est mort avant la récolte, il n'aura droit à aucune portion du fermage, d'abord parce que les fruits naturels n'ont pas été perçus de son vivant, et ensuite parce que le propriétaire a le droit d'expulser le fermier et de faire lui-même la récolte, sans avoir d'ailleurs à rembourser à l'usufruitier les frais de labours et de semences que celui-ci peut devoir à son fermier ; car si l'usufruitier avait cultivé lui-même, et qu'il fût mort la veille de la récolte, il n'aurait pas droit à ce remboursement ; 3° que si l'usufruit finit au milieu de la récolte; il n'y aura pas lieu, comme on a dit, à un partage proportionnel du fermage entre l'usufruitier et le propriétaire. Le bail prend fin : le fermier n'a plus le droit de continuer la récolte ; c'est le propriétaire qui l'achève. Le fermier a perçu une partie des fruits : il doit à l'héritier de l'usufruitier une partie correspondante de son fermage.

Il ne pouvait être question d'une répartition de la créance de fermages que dans le cas où le bail à ferme consenti par le propriétaire avant l'ouverture de l'usufruit, maintenu par l'usufruitier, ne serait pas encore expiré au jour de l'extinction de l'usufruit, et c'est peut-être à une combinaison de ce genre que songeait le jurisconsulte Scévola, dans le *f.* 58, quand il parlait d'une répartition possible des fermages entre l'usufruitier et le nu-propriétaire ; le texte est assez peu précis et peut se prêter à cette interprétation.

L'immeuble frappé d'usufruit peut, au lieu d'avoir été donné à bail, avoir été par le propriétairie grevé d'un droit d'emphytéose ou de superficie, moyennant une redevance périodique. A la différence du bail, dont l'exécution par le bailleur ne confère au preneur aucun droit réel, l'emphytéose et la superficie constituent des droits réels : leur antériorité confère à leurs titulaires droit d'exclusion ou de préférence vis-à-vis de l'usufruitier, qui est tenu de les subir. Mais il a droit à la redevance : le propriétaire lui a fait un *legatum nominis*, en lui léguant l'usufruit du fonds grevé : l'usufruitier, légataire des redevances à échoir, se fera céder par l'action *ex testamento* l'action en paiement. Si le droit est un droit de superficie, analogue au bail à loyer, la redevance de l'année courante au jour de l'ouverture ou de l'extinction de l'usufruit sera répartie entre l'usufruitier et le propriétaire en proportion du droit de chacun à la jouissance. Si le droit est un droit d'emphytéose, voisin du bail à ferme, il faudra prendre en considération la récolte, et régler en conséquence le droit de l'usufruitier à la redevance.

Il nous reste encore, avec les textes, deux situations à régler. La première est celle de l'esclave grevé d'usufruit qui, au lieu de travailler pour le compte de l'usufruitier, a mis son activité, son industrie, son talent au service d'un tiers. Si la location de l'esclave a été conclue par le propriétaire avant l'établissement de l'usufruit, ou par l'usufruitier, nous appliquerons à ce bail les mêmes règles qu'au bail à loyer ordinaire : c'est une *locatio rei*. Mais il arrivait plus souvent, semble-t-il, que c'était l'esclave lui-même qui louait ses services, qui négociait, débattait le prix et la durée du bail : *servus locabat opera suas : servus se locabat.* Des textes que nous allons citer, il paraît bien résulter que le contrat ainsi conclu par l'esclave, ne subissait dans sa durée aucune atteinte par suite des changements de maître de l'esclave : le bail continuait nonobstant l'aliénation soit totale, soit partielle (constitution d'usufruit) de l'esclave. Celui-ci était réputé contracter non pas tant pour son maître actuel, pour celui qui avait droit à ses *operæ* au moment du contrat, que pour celui ou ceux qui, pendant le temps du bail par lui fixé, pouvaient avoir droit à ses services : il contractait pour qui de droit, obligeait qui de droit à respecter le bail, et acquérait à qui de droit la créance de loyers. L'esclave, conférant sur sa personne un droit ferme au locataire de ses services, pouvait contracter à de bonnes conditions.

Mais en supposant que le droit aux travaux de l'esclave passât du propriétaire à un usufruitier, ou réciproquement, comment acquérait-il la créance de loyers? Si cette créance de loyers à échoir était, comme l'ont dit quelques-uns, une créance unique, échelonnée sur divers termes d'échéance, si même, comme d'autres l'ont soutenu, elle consistait dans une série de créances conditionnelles, subordonnées à la prestation effective de la jouissance promise, elle serait acquise en totalité, pour toute la durée du bail, à celui qui aurait, au jour du contrat, droit au travail de l'esclave : car c'est un principe que l'esclave qui contracte à terme ou sous condition, acquiert la créance au maître du jour du contrat. Le résultat eût été choquant. Le caractère du contrat de bail et des créances qu'il engendre permet de l'éviter. Le bail est un contrat successif : l'obligation du bailleur a pour objet une série, une succession de faits de jouissance, d'actes de service : la créance de ce bailleur, corrélative à son obligation, a elle-même pour objet une série de prestations. Cette créance a bien son principe générateur dans le contrat; mais elle naît, elle se renouvelle au fur et à mesure de la jouissance procurée au locataire. Le bailleur accomplit son obligation tous les jours : il devient créancier *quotidie,* jour par jour, c'est une créance future, et par conséquent elle est acquise successivement au profit de ceux qui peuvent avoir droit successivement aux travaux de l'esclave, et en sont privés par le fait de la *locatio servi*, et elle est acquise à chacun d'eux en proportion de la durée du droit de chacun, sans tenir compte d'un paiement de loyer, anticipé ou arriéré. Ainsi le décide le jurisconsulte Paul, au *f. 26, De usufr. :* un esclave grevé d'usufruit a loué ses services *durante usufructu :* l'usufruit s'éteint au cours du bail : ce qui reste à échoir de la créance de loyers est acquis au propriétaire. Si le propriétaire devient désormais créancier du locataire de l'esclave, c'est : 1º qu'il est tenu de respecter le bail conclu par l'esclave : s'il pouvait le rompre et reprendre l'esclave, il ne deviendrait pas créancier; 2º que la créance de loyers a été acquise à l'usufruitier en proportion de la durée de son droit, jour par jour. La créance de loyers, provenant du bail conclu par l'esclave sur sa propre personne, se répartit donc entre l'usufruitier et le propriétaire proportionnellement à la durée du droit de chacun. Les fruits civils, consistant dans le loyer d'un esclave, sont réputés s'acquérir jour par jour. Tel est le résultat auquel conduit le *f. 26, De usufr.,* si on admet qu'il prévoit dans sa première partie un contrat consensuel de louage, ce dont pourrait faire douter la fin du texte.

Ce résultat doit-il être modifié quand l'esclave, au lieu de se contenter du contrat consensuel de louage et de l'acquisition à qui de droit de la créance de bonne foi et de l'*actio locati*, a cru devoir, comme c'était encore l'habitude fréquente à Rome à l'époque classique, stipuler du locataire le loyer, le lui faire promettre *verbis* pour engendrer contre lui la *condictio* (1)? Si l'esclave a stipulé de son *conductor* tant par jour, *decem in singulos dies*, cette stipulation, bien qu'unique en la forme, se décompose en autant de stipulations, et donne naissance à autant de créances et d'actions qu'il y a de

---

(1) La reconnaissance des contrats de bonne foi avait été un notable progrès sur le rigorisme antique. Mais le formalisme, devenu facultatif, n'avait pas été complètement abandonné : les créanciers recouraient très fréquemment encore au contrat verbal, qui offrait de notables avantages sur le contrat non formel, c'est ce qui explique : 1º qu'au lieu d'adjoindre *in continenti* à la vente un pacte rendant le vendeur débiteur du double du prix en cas d'éviction, les parties recourent à la *stipulatio duplæ;* 2º plus généralement qu'au lieu d'insérer dans le contrat consensuel une promesse de peine, les parties concluent une *stipulatio pœnæ.*

jours de bail : ainsi l'avait décidé, non sans hésitation, la jurisprudence (Paul, *f.* 140, § 1, *De V. O.*, XLV, 1), au moins pour le cas où le nombre des créances était déterminé à l'avance (1). Chacune de ces créances se trouve acquise à celui qui, *quotidie*, a droit aux services de l'esclave : ce sont des créances futures, exactement comme celles qui proviennent du contrat consensuel de louage (2) : elles ne seront donc pas toutes acquises à celui qui a, au jour de la stipulation, le droit de jouissance sur l'esclave : elles naissent successivement *per servum* au profit de qui de droit; au profit de l'usufruitier d'abord, au profit du propriétaire après l'extinction de l'usufruit. Il y aura donc autant de créances futures que de jours de services rendus par l'esclave au locataire, et chacune de ces créances sera acquise *per servum* à l'usufruitier et au propriétaire au *prorata* de la durée du droit de chacun.

Mais était-ce l'habitude de stipuler ainsi le loyer *in singulos dies?* Il est permis d'en douter, quand on voit deux jurisconsultes supposer que l'esclave, en se louant, a stipulé *in singulos annos*. Cette stipulation se décompose comme la précédente : elle engendre une série de créances ; mais si nous en croyons Papinien (*f.* 18, § 3, *De stip. serv.*), ces créances ne sont plus acquises *quotidiè*, jour par jour : elles sont acquises *initio cujusque anni*, à celui qui a droit à ce moment aux *operæ* de l'esclave, année par année : d'où il pourrait bien résulter que si l'usufruit durait encore le 1er janvier, la créance de toute l'année est acquise à l'usufruitier, bien qu'il meure le lendemain. Le résultat peut sembler choquant : car l'usufruitier étant mort, et sa succession n'ayant plus la jouissance de l'esclave, la créance corrélative à cette jouissance ne devrait pas lui appartenir. L'explication du texte est possible.

---

(1) Si le nombre en demeurait indéterminé, par exemple dans la stipulation de rente viagère, le même progrès n'avait pas été admis (Pompon., *f.* 16, § 1, *De V. O.*). Mais à l'aide d'une *præscriptio,* le demandeur évitait la *consummatio litis.* Il était dispensé de cette précaution dans le cas du *f.* 140, *cit.*

(2) La créance ne perd pas son caractère futur, parce qu'elle a été *deducta in stipulationem* : il n'y a pas que des créances de bonne foi qui soient futures : la stipulation par laquelle un esclave grevé d'usufruit se fait promettre la restitution d'une somme à prêter ultérieurement, présente le même caractère (Papin., *f.* 18, § 5 *in fine, De stipul. erv.*, XLV, 3).

Si l'habitude était que les esclaves en se louant stipulassent le salaire de leurs services *in singulos annos*, celui qui léguait l'usufruit de son esclave, savait, ou pouvait savoir ce qui l'attendait, connaissait le risque que courait son héritier à l'extinction de l'usufruit, et s'il voulait l'écarter, il n'avait, en faisant le legs, qu'à interdire à son esclave, en se louant, de stipuler *in singulos annos*. Ne l'eût-il pas fait, il y avait à son profit une chance favorable en sens inverse : l'héritier avait la chance d'avoir le loyer de l'année pendant laquelle s'ouvrait l'usufruit, si l'esclave dont l'usufruit était légué, se trouvait avoir auparavant loué ses services et stipulé *in singulos annos*. Il se passait ici quelque chose d'analogue à ce qui a lieu pour les fruits naturels.

Papinien, en s'appuyant sur l'autorité de Julien, admet que le bénéfice de la stipulation faite par l'esclave est acquis successivement à l'usufruitier et au propriétaire, qu'il y a autant de créances que d'années de bail, et que chacune de ces créances est acquise soit à l'un soit à l'autre : *tantum quantum ratio juris permittit*. Le jurisconsulte repousse brièvement une autre façon d'arriver au même résultat, d'après laquelle la créance stipulée aurait été acquise tout entière à l'usufruitier, à celui qui avait, au jour de la stipulation, la jouissance de l'esclave ; mais cette créance aurait été transmise, serait passée (*vi legis* sans doute), au propriétaire à l'extinction de l'usufruit. Le jurisconsulte réfuté par Papinien, c'est Ulpien au *f.* 25, § 2, *De usufr.*, qui nous dit en effet que la créance de loyers stipulée est acquise tout entière à l'usufruitier, mais qu'elle passe (*transit*) au propriétaire, par dérogation à la règle d'après laquelle les créances ne passent qu'à un héritier ou à un adrogeant, à un successeur à titre universel (1). Ulpien refusait sans doute à la créance de loyers stipulée le caractère de créance future, et pour mettre le droit d'accord avec l'é-

______

(1) Ce texte ne démontre-t-il pas péremptoirement que les créances sont incessibles, à titre particulier, qu'elles diffèrent des choses corporelles, de la propriété ? Sans doute, leur titulaire peut, comme le propriétaire, en faire argent, les donner, les constituer en dot : au sens économique du mot, elles sont cessibles, aliénables. Mais juridiquement parlant, elles ne le sont pas , la propriété cédée, aliénée, reste chez l'acquéreur, le cessionnaire, ce qu'elle était chez l'aliénateur. La créance se transforme : elle se nove, en passant d'un patrimoine dans un autre.

quité, pour empêcher qu'à l'extinction de l'usufruit, le propriétaire ne fût complètement frustré du loyer de l'esclave, il portait atteinte au principe de l'incessibilité des créances à titre particulier.

Papinien, dont la doctrine doit être préférée, n'admet pas qu'il y ait d'exception au principe, qu'il y ait transmission de la créance de l'un à l'autre. Pour lui, les créances engendrées par la stipulation de l'esclave, sont des créances futures, et le droit à chacune d'elles est acquis successivement à l'usufruitier et au propriétaire : chacune d'elles prend naissance en la personne de l'usufruitier d'abord, du propriétaire ensuite.

La dernière espèce de fruits civils, ce sont les intérêts d'une créance de somme d'argent, d'un prêt, d'un prix de vente, etc. Comment ces intérêts sont-ils acquis à l'usufruitier de la créance? Papinien (*f. 24 pr.*, *De usu et usuf.*, XXXIII, 2) résout implicitement la question : un mari avait légué à sa femme l'usufruit de tous ses biens : la succession comprenait des créances portant intérêt, provenant de placements faits par le défunt : le jurisconsulte décide que l'usufruitier aura droit aux intérêts de ces créances à partir du jour où il aura donné à l'héritier la *cautio*. Nous avons déjà conclu de ce texte, en le généralisant, que l'usufruitier n'avait droit à la jouissance des valeurs, dont l'usufruit lui est légué, qu'après avoir fourni la *cautio :* il n'y a pas de raison pour restreindre la décision de notre texte aux intérêts, et pour distinguer entre cette espèce de fruits et tous les autres.

A partir du jour où il est en règle, l'usufruitier gagne les fruits, ici les intérêts : l'héritier n'y a plus droit. Comment se fera-t-il payer? il n'a pas contracté avec l'emprunteur; il ne peut pas avoir contre lui de droit et d'action de son chef. Mais le legs qui lui a été fait, implique pour les intérêts à échoir pendant la durée de l'usufruit, un *legatum nominis*. Or le *legatum nominis* emporte au profit du légataire un droit de créance contre l'héritier, et la *condictio ex testamento*. Cette créance a pour objet la cession des actions de l'héritier contre le débiteur. Cette cession se fera par les différents procédés juridiques, successivement organisés à Rome, et à partir d'une certaine époque, elle sera réputée faite par ce seul fait qu'elle est obligatoire : le légataire sera constitué, *utilitatis causa*, créancier du débiteur, abstraction faite de toute cession effective, et investi d'une action utile en paiement des intérêts.

Si le légataire d'usufruit d'une créance a droit aux intérêts courus pendant le cours de son usufruit, nous pouvons dire que dans ses rapports avec le nu-propriétaire, les fruits civils, qui consistent dans ces intérêts, sont réputés lui être acquis jour par jour et lui appartiennent en proportion de la durée de son droit.

Malgré tout, l'acquisition des fruits civils par l'usufruitier à Rome ne se réalise pas d'une façon aussi simple que dans notre droit français : ce n'est qu'avec réserve qu'il convient de se servir, pour l'exposition du droit romain, de la formule de l'article 586 C. civil.

BAR-LE-DUC, IMPRIMERIE CONTANT-LAGUERRE.